रंजिश ही सही

Rachit Pasrija

BookLeaf Publishing
India | USA | UK

Made with ❤ on the BookLeaf Publishing Platform
www.bookleafpub.in
www.bookleafpub.com

Dedication

ये किताब अहमद फ़राज़ की उस ग़ज़ल के नाम, जो अपने महबूब से लौट आने की बात करती है। यह किताब भी उसी की तरह एक ख़त है और लौट आने की एक ख़ामोश गुज़ारिश।
ये किताब उन सभी लोगों के लिए है जिन्होंने किसी के इश्क़ में खुद को खोया है और फिर खोकर खुद को पाया है; जो इंतज़ार करते-करते अब थक चुके हैं; उन सबको बताने के लिए कि वो अकेले नहीं हैं। ये किताब किसी को पाने की कोशिश नहीं है,
बल्कि किसी को खोकर खुद को समझने की कोशिश है।

Preface

यह किताब किसी कहानी का दावा नहीं करती।
यह सिर्फ़ उन लम्हों का हिसाब है जो जिए गए,
और उन एहसासों का जो कहे नहीं जा सके।
यह उन शब्दों की जमात है जो कभी सामने होकर भी चुप रहे,
और उन खामोशियों की आवाज़ है जो बहुत कुछ कहती रहीं।
यह किताब मोहब्बत को जीतने की कोशिश नहीं है,
बल्कि उसे समझने की एक नाकाम कोशिश है।
यह स्वीकार है कि कुछ लोग ज़िंदगी में इसलिए नहीं आते कि साथ रहें,
बल्कि इसलिए आते हैं कि हमें हमेशा के लिए बदल जाएँ।
इन पन्नों में इंतज़ार है,फ़ुरक़त है, बेचैनी है, और वह सुकून भी है जो सिर्फ़ यादों से मिलता है।
यह उन लोगों के लिए है जो किसी के होने से ज़्यादा उसके याद रह जाने को जीते हैं।
अगर इन नज़्मों में तुम्हें अपना कोई अधूरा ख़्वाब, कोई अनकही बात,
या कोई जाना-पहचाना दर्द मिल जाए,तो समझ लेना कि तुम अकेले नहीं हो।
यह किताब पूरी नहीं है बिलकुल उस मोहब्बत की तरह जिससे यह पैदा हुई।

Acknowledgements

इस किताब के लिए आभार उन रातों का है जिन्होंने चुप रहने की बजाय लिखना सिखाया।
उन लम्हों का जो साथ रहे, और उनका भी जो दूर जाकर वजह बने।
और उन पाठकों का, जो इन पन्नों में अपना कोई अधूरा एहसास पा लें
अगर ऐसा हुआ, तो यही इस किताब का आभार है।
और उस इंसान को भी, जिसने पहली बार अपने लिखे शब्दों पर भरोसा करना सीखा।

1. झुमके

आज अपनी क़मरे में रखी अलमारी पर नज़र पड़ी तो सोचा उससे
कुछ बात कर लूँ,
खोली जब अलमारी मैंने तो टंगे हुए थे कुछ नए–कुछ पुराने से कपड़े,
फिर टटोला मैंने कुछ देर तो मिला मुझे कुछ ऐसा जिस पर आज भी
तुम्हारा हक़ है,
वो "झुमके" जो मैं तुम्हारे लिए बम्बई के बाज़ार से लाया था,
वो आज भी मुझे इस उम्मीद से देखते हैं कि कब तुम उन्हें अपने
कानों पर सजाओगी,
सच कहूँ तो कुछ ख़ास नहीं हैं वो पर तुम्हारे पहन लेने से वो क़ीमती
ज़रूर हो जाते,
तुम्हारे कानों पर सजते अगर वो तो मैं खुद को खुशनसीब समझता
कि मेरे धूल से तोहफ़े को तुमने छू लिया है,
मगर ये हो न पाया; और
फिर कुछ गुफ़्तगू करके उन झुमकों के साथ,
वही रख दिया उनको जहाँ पर तुम्हारे न होने की उनको ख़बर न हो
पाए।

2. इंतज़ार

तेरे लौट आने का इंतज़ार तो है,
मगर उम्मीद नहीं हमारे वस्ल की,
रोज़ रात को छत पर चाँद को तकता हूँ मैं,
वो भी बस इसलिए कि सुबह का सूरज मेरी ख़ुशफ़हमी मिटा देता है,
खुद को उलझा लेता हूँ फिर दफ़्तर के काम में तो तेरी याद बैठ जाती है,
फिर जैसे ही ये चराग़-ए-सूरज बुझ जाता है,
तेरी याद की वो सर्द हवाएँ लौट आती हैं,
मुझे मिलता नहीं है कोई ठिकाना खुद को छुपाने के लिए,
फिर आख़िर में जो मिलती है छत सर पर वो डर भी तेरा होता है,
तेरी याद मुझे रुलाती भी है और फिर तुझसे मुझे बचाती भी है,
फिर घर जाकर तेरी याद की चादर ओढ़ कर सो जाता हूँ ताकि फिर से सूरज मेरी ख़ुशफ़हमी मिटा सके।

3. हलके

उसकी आँखों के नीचे भी सियाह हल्के पड़ गए हैं,
लगता है उसकी भी कई रातें मेरी ही तरह बे-ख़्वाब गुज़री हैं,
चलो एक और चीज़ उसके और मेरे दरमियाँ मुश्तरक है,
ये हल्के उसकी ख़ूबसूरती को कम नहीं करते बल्कि मेरी ख़ुशफ़हमी को ज़िंदा कर देते हैं,
कि वो तो चाँद-सी सुन्दर है,
चाँद पर लगे दाग़ उसे और सुन्दर बना देते हैं;
वैसे ही उसके ये सियाह हल्के उसकी आँखों की गहराई को और बढ़ा देते हैं।

4. आइना

होता मैं आईना तेरा; तू मुझमें खुद को देखती होती,
सँवारती खुद को, मेरी निगाहों से खुद को पढ़ती होती।

आँखों में आँखें डालकर 'खुद को' देखते रहते हम,
हल्की सी मुस्कान में तू मेरी हामी महसूस करती होती।

जब-जब लगाती तू अपनी निगाहों पर सूरमा,
तू मुझमें खुद को शर्माते हुए देखती होती।

मैं सुनता रहता तेरी सारी बातें ख़ामोशी से,
और तू मन हल्का कर खुद को खुश होते देखती होती

काश होता मैं तेरा आईना हक़ीक़त में,
मैं टूट जाता और तू मुझे इंतज़ार करते देखती होती।

5. जो जा चुका है

जो जा चुका है उस पर जान निसार क्यों करे,
ज़िंदगी को अब बेमतलब इतना दुश्वार क्यों करे,

यूँ तो निकल जाती है जान महबूब की जुदाई में लेकिन,
मैं ज़िंदा हूँ के भी नहीं; ये खुलासा-ए-असरार क्यों करे,

मुझे तो लगा था कि तू है तो ये जहाँ है मेरा,
अब तेरी वस्ल की चाहत में खुद को इतना बेक़रार क्यों करे,

कहते हैं लोग कि तेरे लिए मुक़ीम रहना अब बेवजह सा है,
फिर हम भी सोचें हैं एक पल को; तुझ बेख़बर का इंतज़ार क्यों करे,

है अभी भी इश्क़ तुझ ही से “ज़ैद” को मगर,
इतना भी कहकर अब तेरी अना को खुशगवार क्यों करे।

असरार : secret

6. दिल चाहता है इक़रार

दिल चाहता है इक़रार तेरा,
मगर मिल रहा है इंतज़ार तेरा।
ये क्या है कि तेरे पास रहकर भी,
मिल नहीं रहा इख़्तियार तेरा।
मैं कैसे कह दूँ कि तुझे भूल गया हूँ,
और मैं तुझे याद हूँ इतना नहीं है मयार तेरा।
मैंने की है बग़ावत ख़ुद ही से,
तेरे लिए जान-ए-जहाँ, और हुआ भी यूँ
कि हार गया मैंकरते-करते इंतज़ार तेरा।

7. इश्क़

मुकम्मल न होने पर जो सदा
रहे वो इश्क़ है,
बे-सबब हो चाहत जो; बे-ख़बर हो राहत जो,
मिले जब सुकून देखकर किसी की सूरत को,
वो एहसास इश्क़ है,
न हो सिलसिला माज़रत का, न रहे तकल्लुफ़ कोई,
भरी बज़्म में जब दिखाई दे एक ही सूरत,
ये एहतमाम इश्क़ है,
मेरे लिए उसका होना इश्क़ है,
बिन पाए उसे खोना इश्क़ है,
उसे अब याद करना पड़ता नहीं,
उसका मुझे याद होना इश्क़ है,
उससे राब्ता करते हुए खुद को
भुल जाना इश्क़ है,
उसका मुझसे रूठ जाना इश्क़ है,
उसकी फ़ुरक़त में मजनूँ बन जाना इश्क़ है,
चाहता हूँ करना सजदा उसके
क़दमों में अब,
उसको अब अपना रब
बनाना ही मेरे लिए “इश्क़ है।

८. तुम्हारा रहूँगा

तुमसे मिलने से पहले मैं तुम्हारा था,
तुमसे मिलकर भी मैं तुम्हारा ही रहा,
और तुमसे बिछड़ने के बाद मैं तुम्हारा ही बनकर रह गया हूँ।
मेरी ये बे-ख़याली भी अब तेरे ख़याल में निकलने लगी है,
तेरा इंतज़ार करते-करते मेरी आँखें पिघलने लगी हैं।
मैं जितना माँग सकता था ख़ुदा से तुझे, उस से ज़्यादा तुझे माँगा है,
तेरी वो ख़ामोशी आज भी सताती है मुझको;
कि तू दो लफ़्ज़ कह देती तो शायद मैं इतना ख़ामोश न होता।
तुझसे राब्ते की उम्मीद है जो मुझे रोज़ सुबह जगा देती है;
वरना जिस ज़िंदगी में तू नहीं है उसमें मैं हर वक़्त सोना पसन्द
करूँगा।
अब जो रह गया है वो बस तुम्हारा इंतज़ार है;
और ग़म न करना तुम मेरी जान,
तुम्हारे आने तक मैं तुम्हारा ही रहूँगा।

9. ठहर

चला ही जाता है हर कोई आने वाला,
रुला ही जाता है हर कोई हँसाने वाला,
ये ज़िंदगी के किस मुक़ाम पर आ
खड़े हुए हैं हम,
रुस्वा हो जाता है वो हर साथ निभाने वाला,
तेरी चाहत में खुद को खोने लग
चुका हूँ मैं,
तू थोड़ी देर और ठहर जा ना, हर कोई
नहीं होता दिल लगाने वाला,
मेरी अकीदत की तो कोई हद रहि नहीं
है अब जानना,
तू कहे तो भूल जाऊँगा तुझे जैसे ही
कोई इश्क़ का दावा करने वाला,
मानना के तुझे मिले वक़्त कम हुआ है
मुझे,
मगर सच तो ये है कि होता नहीं हर कोई
मेरे जैसा चाहने वाला।

10. शब-ए-तनहाई

ये शब-ए-तनहाई में मुझे नींद आती क्यों नहीं,
तेरी यादें दिल-ओ-जान से अब जाती क्यों नहीं,

समझा था मैं कि अब तुझे भूल गया हूँ,
ख़्वाबों में आती है मगर हक़ीक़त में तू आती क्यों नहीं?

था बहुत खुश मैं जब तेरे साथ था,
अब तेरे बिना कोई ख़ुशी मुझे रास आती क्यों नहीं?

करते-करते इंतज़ार तेरा कहीं गुज़र न जाऊँ मैं,
तड़पता हूँ हर लम्हा, तेरे बिना
चैन की मौत आती क्यों नहीं।

11. अभी वक़्त है

चुन लो मुझे, अभी वक़्त है
ना फिर आऊँगा मैं लौट कर,
पछतावा तुम्हें होगा बहुत मेरे जाने का,
सोच लो ये पल फिर न आएगा लौट कर
मेरी नज़दीकियाँ अगर तुम्हें सताती हैं,
तो छोड़ दो मुझ अभी वक़्त है।
जुदा कर दो मुझे ख़ुद से भी और इस दर्द से भी,
आज़ाद कर दो मुझे इस क़र्ज़ से,
इस प्यार के फ़र्ज़ से भी, रुख़सत कर दो मुझे
अभी वक़्त है।
बिता लो ये हसीन पल मेरे संग अभी वक़्त है।
यादों को समेट लो वक़्त की तिजोरी में,
इस इश्क़ की सीना-ज़ोरी में
वक़्त मत गँवाओ।
संजो लो मुझे अपने दामन में अभी वक़्त है।
फिर न लौटूँगा मैं, यही आख़िरी सच है।
चुन लो मुझे–
अभी वक़्त है।

12. आरज़ू

है ये आरज़ू दिल की मेरे कि तुझसे कुछ कहूँ,
पर है कश्म-कश दिल की झूठ कहूँ या सच कहूँ,
मेरी चाहत का तो शायद है अंदाज़ा तुझे,
मुझे भी तेरी बे-ज़ारी का पता है अगर सच कहूँ,
अब तुझे जाता देखने की हिम्मत तो नहीं है मुझ में,
तो तुमसे फिर न मिलने का ख़याल है मेरा अगर सच कहूँ,
तू समझेगा नहीं कि मेरी चाहत की कोई इंतिहा है ही नहीं,
और मैं समझा न पाऊँगा तुझे अगर मैं कुछ भी कहूँ,
तू आया था ज़िंदगी में एक बहार की तरह,
अब जा रहा है तो सभी फूल मुरझा गए हैं अगर सच कहूँ,
मैं कुछ कहूँ या न कहूँ अब फ़र्क़ वैसे भी नहीं है कोई,
ये फुरक़त तो तय है हमारी जाना क्या फ़र्क़ है अब मैं कुछ भी कहूँ

13. पहली बार

जब तुम्हें देखा था मैंने पहली बार तो तुमने नीली रंग की कुर्ती के साथ
दो बालियाँ पहनी थीं,
मानो जैसे शम्स-ओ-महताब-ओ-अब्र सब एक साथ ज़मीन पर आ
उतरे हैं,
तुम कुछ उदास सी लग रही थीं, तुम्हारी आँखों के वो हल्के बता रहे थे
कि तुम बे-ख़्वाबीदा हो,
शायद तभी आफ़ताब भी कुछ फीका सा पड़ रहा था,
उस दिन तुम्हारी एक झलक पाने के लिए दर-दर भटक रहा था मैं
और फिर जब तुम दुबारा मिली तो एक बुत बनके तुम्हें मैं देखता रह
गया,
फिर सिलसिला कुछ ऐसे आगे बढ़ा जैसे मानो ख़ुदा ने अपनी रज़ा दे
दी हो,
याद है वो पल मुझे जब तुम पहली बार हँसी थीं; ख़ुशनसीब था मैं कि
तुम्हारे चेहरे पर एक मुस्कान ला पाया,
तुम्हारी वो हँसी, हमारी वो इश्वा-तराज़ी, तुम्हारा मेरा मज़ाक उड़ाना,
मेरा उस पर प्यार से हँस देना – सब एक ख़ंजर की तरह दिल में
चुभता रहता है अब,
पर शायद अब लगता है कि तुम्हें जाने देने का वक़्त आ गया है,
तुम मेरे पहले भी खुश थीं, मेरे बाद भी खुश रहोगी, मैं कुछ वक़्त
मायूस रहूँगा पर फिर तुम्हारे हिज्र की आदत हो जाएगी,

बस एक आख़िरी गुज़ारिश है ख़ुदा से कि अगर कभी भी हम मिले तो
वो मुलाक़ात ऐसी हो जैसे हम पहली बार मिले हों।

14. लिखूँगा

सोचा था लिखूँगा मैं खुद को तो शायद तुम्हें भूल जाऊँ,
फिर लिखते हुए याद आया कि मुझ में अब तुम्हारे अलावा कुछ बाक़ी ही नहीं,
फिर मैंने कुछ लिखा, तुम्हें लिखा, कुछ तुम्हारा लिखा,
लिखते-लिखते मुझे तुम याद आई; मैंने फिर हर वो लफ़्ज़ लिखा जो मैं तुमसे कभी न कह पाया,
याद आया कि क्या फ़ायदा होगा मेरी इस नज़्म का जब तुम कभी इसे पढ़ोगी ही नहीं,
पर दिल में उम्मीद रख कर लिखता रहा हूँ एक ख़त तुमको,
शायद तुम ये ख़त कभी न पढ़ पाओ,
पर इतना समझ लेना कि इस ख़त का हर हरफ़, हर मिसरा ख़ामोशी से तुमको कहता है –
"तू चाहत, तू मोहब्बत, इबादत तू।

Last line Credit -- Song - Sajde(Faheem Abdullah, Huzaif Nazar)

15. वो

किसी ने पूछा मुझसे कि वो कैसी दिखती है,
पहले तो मैंने कहा कि जो उसे बयान करे ऐसे लफ़्ज़ नहीं हैं,
फिर सोचा वो इतनी सुंदर है कि उसका हुस्न मुझ तक रहा तो नाइंसाफ़ी होगी,
तपती धूप में चेहरे को छूकर जाने वाली ठंडी हवा है वो,
दिल को जो सुकून दे जाए, होंठों से लगने वाला जाम है वो,
वैसे तो लगता है कि ख़ुदा अगर औरत होती तो होती वो,
शायद वो ख़ुदा ही है जो मेरा इम्तिहान लेने आई हो,
या फिर वो इतनी ख़ास है मेरे लिए; कि मैंने उसे अपना ख़ुदा कर दिया हो,
लगता है कि जैसे उतरी हो फिरदौस से एक नाज़नीन मेरा दिल चुराने के लिए,
है वो आब-ओ-महताब सी ख़ूबसूरत, शायद आई हो मुझे पागल बनाने के लिए,
देखूँ उसे तो चाँद भी फीका लगता है उसके सामने,
है वो जैसे कि चाँद की चाँदनी ने कोई आकार ले लिया हो।

16. कुछ भी नहीं

ये कैसा इश्क़ है तेरा जाना जिसमें दर्द के अलावा कुछ भी नहीं,
है सितम है रंज है ग़म मुझे, तेरे हिज्र के अलावा मेरा पास कुछ भी नहीं,
तुझे न सुन सकता हूँ न छू सकता हूँ न कुछ कह सकता हूँ मैं,
जिस नुक़्ता-ए-वक़्त में तू गई थी बस वही दूर से तुझे देख सकता हूँ मैं,
तेरी वो समंदर सी आँखें, वो सुकून सी मुस्कान तेरी,
इनकी याद अब फीकी पड़ रही है,
लौट आ एक और बार जाना कि तेरी यादों के अलावा
मेरा पास अब कुछ भी नहीं।

17. कैसे

है एक पैग़ाम दिल में, तुझे बताऊँ कैसे,
तू जा चुका है ये बात दिल को
समझाऊँ कैसे।
पकड़ रखा है तेरी याद को
किसी दामन की तरह,
दिल में मेरे क्या है,
वो तुझे अब दिखाऊँ कैसे।
देखे थे ख़्वाब मैंने कि ज़िंदगी
तेरे साथ गुज़रेगी, तू तो अब नहीं है,
इन बिखरते ख़्वाबों को मैं बचाऊँ कैसे।
ले गया है मुझे भी तू अपने साथ जाते-जाते,
ज़रूरत है तेरी मुझे अब भी
आख़िर अपनी क़ब्र ख़ुद सजाऊँ कैसे।

18. मौत

मौत तू कभी अगर आए तो उसको अपने साथ लाना,
उसे देखे बग़ैर मरना मेरे लिए अब गुनाह से कम नहीं है,
मौत तू मुझे अगर ले भी जाए तो क्या फ़र्क़ पड़ेगा?
उसके दरख़्त-ए-चाहत का बस एक पत्ता टूट कर गिर जाएगा,
ज़माना यूँ ही चलता रहेगा; वो ज़माने के साथ चलती रहेगी,
अगर कुछ हुआ; तो ये होगा उसके लिए लिखा मेरा हर लफ़्ज़ अमर होगा,
क्या पता कभी पढ़ ले वो; जो मैंने लिखा है उसके लिए मेरे जाने के बाद,
ख़ुश हो जाऊँगा अपनी क़ब्र में मैं;
कि मौत के आने का कुछ फ़ायदा तो हुआ।

19. गुज़रते-गुज़रते गुज़र ही जाएगा

गुज़रते-गुज़रते गुज़र ही जाएगा,
वक़्त है; आख़िर बदल ही जाएगा,
तेरा इंतज़ार कर रहा हूँ मैं कब से,
तू मेरा महबूब है; आख़िर मिल ही जाएगा।
तुझे चाहता रहूँगा मैं ज़िंदगी भर इस उम्मीद में,
कि दिल ही तो है, कोई पत्थर नहीं—एक दिन पिघल ही जाएगा,
तुझे शायद फ़र्क़ न पड़े मेरे जीने-मरने से, लेकिन
मेरी ज़िंदगी का सूरज
तेरी फ़ुरक़त में ढल ही जाएगा।
और अगर मुक़द्दर ने हमें
फिर आमने-सामने ला खड़ा किया, तो ये सारा इंतज़ार
किसी दुआ की तरह क़बूल हो ही जाएगा।

20. ख़ामोशी

यूँ तो बिखर जाऊँगा मैं तेरे जाने की वजह से,
मगर फिर भी खुद को समेटे बैठा हूँ मैं।
कि तुझे ये न लगे कि मेरी अकीदत की
अब कोई इंतिहा ही नहीं, माना कि सच है ये
पर अब तुझे ये जता नहीं सकता,
और सता नहीं सकता।
इसी लिए ख़ामोश रहता हूँ तुझे देख कर भी,
कि कहीं तू और दूर न हो जाए।
मैं जानता हूँ मेरी ये चुप्पी तुझे मेरी अना लग सकती है;
मगर बेहतर यही है कि मैं अब इसी ख़ामोशी में अपना घर बना लूँ,
क्योंकि मेरे लफ़्ज़ अब शायद हमारी दूरी को और बढ़ा देंगे।
और अगर कभी मेरी इस ख़ामोशी को तू समझ पाए,
तो जान लेना मैंने तुझे छोड़ा नहीं है, बस
अपने आप को थोड़ा पीछे कर लिया है।

21. काफ़ी

अब मुतमईन हूँ मैं ख़ुद में, तेरी ज़रूरत नहीं रही अब मुझे,
बस इस बात का मलाल है कि तुझे पा नहीं सका।
मैंने तुझे पाने की ज़िद नहीं की, और खोने का शोर भी नहीं मचाया
बस जहाँ तक चल सका,चल लिया।
अब तेरा नाम हर दुआ में नहीं आता,
पर हर ख़ामोशी में अब भी मौजूद है।
जो था, वो मुकम्मल नहीं हुआ,
पर झूठ भी नहीं था और शायद इतना काफ़ी है।
और अगर फिर कभी रास्ते मिलें,
तो अजनबी नहीं होंगे हम बस पहले जैसे भी नहीं।
अब मैं तुझे जाने से नहीं रोकूँगा, और ख़ुद को तुझ में खो जाने से भी नहीं,
क्योंकि मैं हमेशा तेरा ही रहा हूँ, और
अब मेरे लिए इतना काफ़ी है।

www.ingramcontent.com/pod-product-compliance
Lightning Source LLC
La Vergne TN
LVHW050830051026
849532LV00008B/3197
* 9 7 8 9 3 7 5 1 0 8 1 6 0 *